영류왕은 당나라와 평화롭게
지내기 위해 당 태종의 요구를 들어주었어요.
연개소문은 왕의 조카를 보장왕으로 세우고
강경한 대외 정책을 써서 신라와 당에
맞섰어요. 당나라는 수많은 군사들을 이끌고
고구려에 여러 차례 쳐들어왔지만,
고구려군은 지혜와 용기로 물리쳤어요.
자, 고구려의 역사 속으로 들어가 볼까요?

추천 감수 박현숙(고대사)

고려대학교 사범대학 역사교육과를 졸업하고 동 대학원에서 문학박사 학위를 받았습니다. 현재 고려대학교 사범대학 역사교육과 교수로 재직 중이며, 백제 문화와 고대 인물사 등에 대한 활발한 연구를 계속하고 있습니다. 쓴 책으로 〈백제의 중앙과 지방〉, 〈한국사의 재조명〉 등이 있습니다.

추천 감수 정구복(고려사 · 조선사)

서울대학교 사범대학 역사교육과를 졸업하고 서강대학교에서 문학박사 학위를 받았습니다. 한국학중앙연구원 한국학대학원의 교수로 재직 중이며, 한국학중앙연구원 한국학대학원 원장을 역임하였습니다. 쓴 책으로 〈한국인의 역사 의식〉, 〈역주 삼국사기〉, 〈한국 중세 사학사 1, 2〉 등이 있습니다.

추천 감수 김한종(근현대사)

서울대학교 사범대학 역사교육과를 졸업하고 동 대학원에서 역사교육을 전공하여 문학박사 학위를 받았습니다. 현재 한국교원대학교 교수로 재직 중입니다. 쓴 책으로 〈역사 교육 과정과 교과서 연구〉, 〈역사 교육의 내용과 방법〉(공저), 〈한 · 중 · 일 3국의 근대사 인식과 역사 교육〉(공저), 〈역사 교육과 역사 인식〉(공저) 등이 있습니다.

고증 문중양(과학사)

서울대학교 계산통계학과를 졸업하고 동 대학원에서 이학박사 학위를 받았습니다. 쓴 책으로 〈우리 역사 과학 기행〉, 〈우리의 과학문화재〉(공저), 〈세종의 국가 경영〉(공저) 등이 있습니다.

고증 정연식(생활사 및 복식)

서울대학교 국사학과를 졸업하고 동 대학원에서 문학박사 학위를 받았습니다. 쓴 책으로 〈조선 시대 사람들은 어떻게 살았을까?〉(공저), 〈일상으로 본 조선 시대 이야기 1, 2〉 등이 있습니다.

글 박영규

1996년 밀리언셀러 〈한권으로 읽는 조선왕조실록〉을 출간한 이후 〈한권으로 읽는 고려왕조실록〉, 〈한권으로 읽는 백제왕조실록〉, 〈한권으로 읽는 신라왕조실록〉 등 '한권으로 읽는 역사 시리즈'를 펴내면서 쉽고 재미있는 역사책 읽기의 바람을 일으켰습니다. 그 외에도 〈교양으로 읽는 한국사〉 등의 많은 역사책을 썼습니다.

그림 이재순

홍익대학교 미술대학과 동대학원에서 동양화를 공부했습니다. 15회의 개인전을 열고, 대한민국여성미술대전 대상, 안견미술대전 특선, 대한민국미술대전 특선, 대한민국회화대전 특선을 수상했습니다. 현재 우석대학교에서 학생들을 가르치고 있으며 그린 책으로 〈나의 꿈, 하늘까지〉, 〈명퇴 시리즈〉, 〈세계 경제를 주무르는 큰손 객가〉 등이 있습니다.

이미지 제공

연합포토, 중앙포토, 국립중앙박물관, 국립부여박물관, 국립경주박물관, 국립민속박물관, 유연태(사진작가), 허용선(사진작가)

광개토 대왕 이야기 한국사 ⑭ 고구려

대제국 당나라를 꺾은 고구려

총기획 및 발행인 박연환
발행처 (주)한국헤르만헤세
출판등록 제17-354호
연구개발원 경기도 성남시 분당구 금곡동 444-148
대표전화 (031)715-7722
팩스 (031)786-1100
본사 서울시 송파구 석촌동 7-3
대표전화 (02)470-7722
팩스 (02)470-8338
고객문의 080-715-7722
편집 임미옥, 백영민, 윤현주, 지수진, 최영란
디자인 장월영, 주문배, 김덕준, 김지은

ⓒ Korea Hermannhesse

이 책의 표지는 일반 용지보다 1.5배 이상 고가의 고급 용지인 드라이보드지를 사용해 제작하였습니다. 표지를 드라이보드지로 제작하면 습기의 영향을 덜 받기 때문에 본문 용지가 잘 울지 않고, 모양이 뒤틀리지 않아 책을 오랫동안 보존할 수 있습니다.

이 책은 기존의 석유 잉크 대신 친환경 식물성 원료인 대두유 잉크를 사용하여 인쇄하였습니다. 대두유 잉크는 선진국에서 널리 사용하고 있는 고가의 대체 잉크로, 휘발성이 적어 인쇄 상태의 보존이 용이하고, 인체에 무해할 뿐만 아니라 눈에 부담을 주지 않는 자연스러운 색을 내는 특징이 있습니다.

대제국 **당나라**를 꺾은 **고구려**

감수 **박현숙** | 글 **박영규** | 그림 **이재순**

한국헤르만헤세

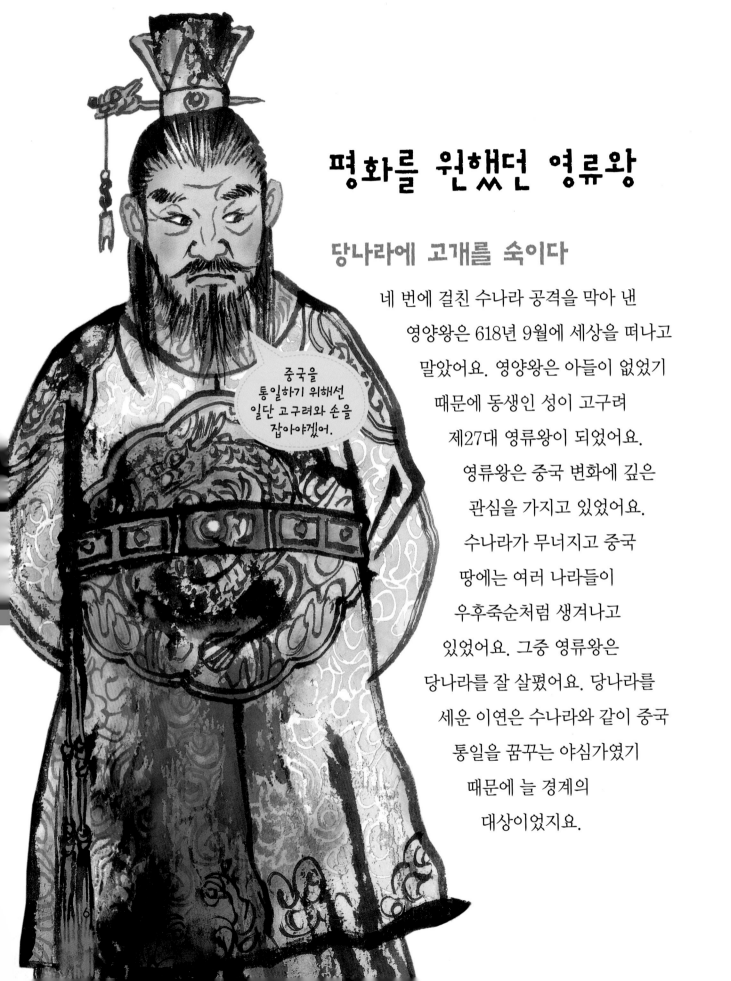

평화를 원했던 영류왕

당나라에 고개를 숙이다

네 번에 걸친 수나라 공격을 막아 낸
영양왕은 618년 9월에 세상을 떠나고
말았어요. 영양왕은 아들이 없었기
때문에 동생인 성이 고구려
제27대 영류왕이 되었어요.

영류왕은 중국 변화에 깊은
관심을 가지고 있었어요.
수나라가 무너지고 중국
땅에는 여러 나라들이
우후죽순처럼 생겨나고
있었어요. 그중 영류왕은
당나라를 잘 살폈어요. 당나라를
세운 이연은 수나라와 같이 중국
통일을 꿈꾸는 야심가였기
때문에 늘 경계의
대상이었지요.

중국을
통일하기 위해선
일단 고구려와 손을
잡아야겠어.

이연은 고구려에 사신을 보냈어요.

"저희 왕께서는 고구려와 서로 돕는 사이가 되길 원하십니다.

두 나라 간에 싸움 없이 평화롭게 지내는 것이 어떻겠습니까?"

영류왕은 신하들과 함께 당나라의 제안에 대해 의논했어요.

"당나라가 우리와 손을 잡고 싶어 하는데

어떻게 하는 것이 좋겠는가?"

신하들의 의견은 제각각이었어요.

"당나라의 제안을 받아들여야 합니다.

평화를 유지하며 돌아가는 상황을 지켜보아야 합니다."

"그렇지 않습니다.

당나라가 원하는 것은 중국 통일입니다.

당나라는 지금 고구려가 뒤를 칠까

두려워 사신을 보낸 것입니다.

당나라가 중국을 통일하면

고구려가 위험합니다."

"맞습니다. 당나라가 중국을 통일하기

전에 우리가 공격해야 합니다."

이연의 야심을 꿰뚫어 본 신하들은

당나라가 더 커지기 전에 힘을

꺾어야 한다고 주장했어요.

백성을 생각하면
평화가 우선이야.

하지만 반대도 만만치 않았어요.
"아닙니다. 당나라 이연도 수나라의
백만 대군을 이겨 낸 고구려를 가볍게
여길 리 없습니다.
지금은 평화가 우선입니다."
신하들은 서로 자기가 옳다며
주장을 굽히지 않았어요.
영류왕은 전쟁과 평화 중
어느 길로 가야 할지
결정을 내려야
했어요.

영류왕은 고심 끝에 평화를 선택했어요.

"수나라가 고구려와의 전쟁에 져서 망한 것은 온 천하가 다 아는

사실이오. 그러니 당나라도 우리를 함부로 여기지 못할 것이오.

지금은 수나라와 벌인 전쟁으로 우리 백성들이 어렵게 살아가고 있소.

백성들을 돌보는 일에 온 힘을 기울여야 할 것이오."

영류왕은 백성들을 보살피기 위해 평화 협정을 맺었어요.

하지만 이것은 고구려만의 생각이었어요.

얼마 후 당나라 이연의 아들 이세민이 반란을 일으켜 왕이 되었어요.

이세민은 당나라에 복종하지 않는 고구려를 위협했어요.

"고구려는 나를 섬기는 백제와 신라를 공격하지 말아라.

신라와 백제가 나에게 오는 길을 막았다간 전쟁을 면하지 못할 것이다."

9

고구려의 굴욕

628년에 이세민은 중국 땅을 통일하는 데 성공했어요.

이세민은 주변 나라들에 사신을 보내 경고했어요.

"나를 충성으로 섬기지 않으면 군대를 보내 멸망시킬 것이다."

영류왕은 당나라가 쳐들어올까 봐 가슴을 졸였어요.

"당나라의 침략에 대비해 북쪽 방어를 더욱 튼튼히 하여라!"

영류왕은 요동에 군사들을 모아 두고 부여성에서 발해만(보하이 만)에

이르는 긴 성을 쌓도록 했어요.

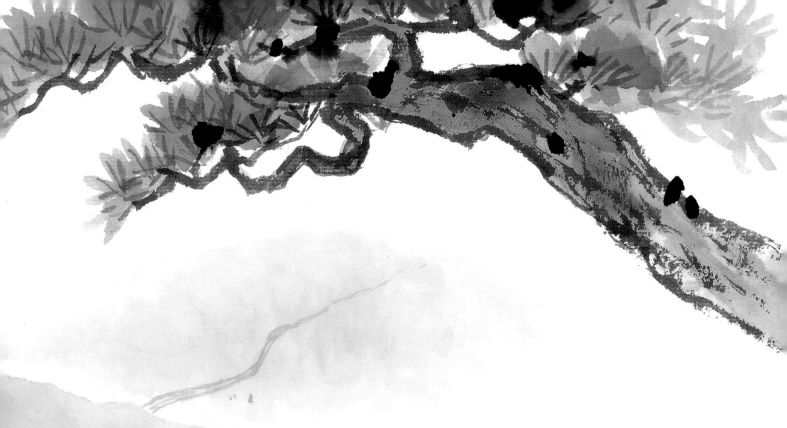

성 쌓는 일을 감독하던 연태조가 큰 병에 걸리고 말았어요.

연태조는 아들 연개소문을 불러 말했어요.

"이 성을 다 지어야 당나라군을 막아 낼 수 있다. 완성을 못 하고 가서
안타깝구나. 네가 내 뒤를 이어 반드시 성을 다 지어야 한다."

"아버님 뜻에 따라 반드시 완성을 시키겠습니다."

연개소문은 아버지의 뜻을 이어받아 부지런히 성을 쌓아 나갔어요.

한편 이세민은 돌궐을 무너뜨린 뒤 고구려까지 넘봤어요.

"이제 천하는 나의 것이다. 고구려도 내 앞에서 고개를 숙여야 할
것이다. 그대의 태자를 나에게 인사시키도록 하라.
내가 큰 나라의 법도를 가르쳐 주겠다."

당나라의 사신이 다녀가자 고구려는 벌집을 쑤신 듯이 시끄러워졌어요.

"태자를 보내라니, 이세민이 하늘 높은 줄 모르고 날뛰는군!"

"당나라가 우리 고구려를 얕보고 있습니다."
"지금까지 고구려는 누구에게도 고개를 숙여 본 적이 없습니다.
절대로 태자를 보내서는 안 됩니다."
강경하게 당나라에 맞서자는 신하들이 분통을 터뜨리며 말했어요.
당나라의 요구를 들어주어야 한다는 신하들도 뒤지지 않고 말했어요.
"지금 고구려는 당나라를 꺾을 힘이 없습니다. 어쩔 수 없이 요구를
들어줘야 합니다."

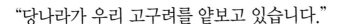

아들아,
미안하다.

"나라를 위해 부끄러움을 참아야
합니다. 태자를 보내 전쟁을
막아야 합니다."
신하들이 둘로 나뉘어 팽팽하게
다투자 영류왕은 이러지도
저러지도 못했어요.

12

'태자를 보내자니 자존심이 꺾이고, 당나라의 뜻을
거스르자니 전쟁이 일어날까 두렵구나.'
한참을 고민하던 영류왕은 마침내 결정을 내렸어요.
"잠시의 수치를 참고 백성들을 평안하게 하는 것이 좋겠다.
태자 환권은 들으라. 너는 당나라에 가서 예의를 갖춰 황제에게
인사를 하라. 그리고 당나라에서 학문을 닦도록 하여라."
영류왕의 말에 많은 신하가 깊은 한숨을 쉬었어요.
"아, 고구려 위신이 땅에 떨어졌구나!
이제 고구려의 운명은 어찌 될꼬!"
"말이 좋아 공부지, 당나라에 볼모로
잡혀가는 것이나 다름없지 않은가!"
이세민은 당나라에 온 고구려
태자를 보고 기쁨을 감추지
못했어요.
"하하하, 수나라의 백만
대군을 막아 낸 고구려도
고개를 숙였다. 이제
천하에 나에게 맞설 자가
어디 있겠는가!"

아버님,
고구려를 위해 제가
희생하겠습니다.

왕을 내쫓은 연개소문

이세민은 진대덕을 사신으로 보내 고구려 성에 대한 조사를
하게 했어요.

진대덕은 고구려 땅을 돌아다니며 성의 위치와 군사의 수 등
침략에 앞서 고구려 지리를 샅샅이 조사해 돌아갔어요.

"수나라는 고구려의 지리를 몰라 진 것입니다.

제가 알아 온 고구려의 지리를 바탕으로 공격한다면

수나라처럼 당하지 않을 것입니다."

이렇듯 이세민은 고구려를 칠 준비를 차근차근 해 나갔어요.

한편 고구려에서는 이세민의 속마음을 까맣게 몰랐어요.

오로지 당나라와 평화롭게 지내는 길만 찾았어요.

몇몇 신하들은 당나라 침략에 대비해 짓고 있는 성 때문에

나라 살림이 어려워지고 있다고 아우성쳤어요.

"북쪽 지역의 성을 짓는 일에 많은 물자가 필요합니다.

그것들을 다 대자면 궁의 살림을 줄여야 할 것 같습니다."

"연태조가 시작한 성 쌓는 일을 당장 그만둬야 합니다."

"그렇습니다. 연태조가 성을 짓기 시작한 것이 10년 전입니다.
그때와 지금은 상황이 다릅니다."
"당나라와 외교 관계를 맺고 있으니 우리는 전쟁 준비를 할 필요가
없습니다. 자칫 잘못하면 당나라가 우릴 의심해 공격할지도 모릅니다."

15

연개소문은 공사 중단 소문에 어이없어 하면서도 분개했어요.

"궁에 있는 신하들은 당나라 신하냐, 고구려 신하냐?

10년 동안 피와 땀을 쏟은 성 공사를 멈출 수는 없다!"

연개소문은 술렁이는 백성과 군사들을 다독였어요.

"고구려를 지키기 위해서는 이 장성이 반드시 있어야 한다.

너희는 자부심을 갖고 계속 일하라."

연개소문은 왜 성 쌓는 일을 그만둬야 하는지 따지기 위해 궁으로 갔어요.

목숨을 걸고
천리 장성을
완성할 것이다.

신하들은 연태조와 연개소문을 싫어했어요.
연태조가 늘 당나라에 굽히지 말고
맞서 싸워야 한다고 주장했기 때문이에요.
"고구려는 강합니다. 당나라가 우릴
무시하지 못하게 만들어야 합니다."
이렇게 강경한 연태조의 생각을
연개소문도 이어받아 당나라와
손을 잡는 것을 앞장서
반대했어요. 하지만
신하들은 당나라와
화친을 유지하기
위해서는 연태조와
연개소문 같은
장수가 없어야
한다고 생각했어요.

감히 나를 치려 하다니!

연개소문은 영류왕에게 간절히 말했어요.

"폐하, 제 아버님께서는 오로지 고구려를 위해 장성을 쌓으셨습니다. 저 또한 그러할 것입니다. 고구려의 국경을 튼튼히 해야 합니다. 부디 제가 아버지의 뒤를 이을 수 있도록 해 주십시오."

신하들은 연개소문을 호되게 꾸짖었어요.

"감히 왕의 명령을 어길 참이오."

그날 밤 신하들이 몰래 모여 음모를 꾸몄어요.

"연개소문을 생각하면 골치가 아픕니다. 나중에 벼슬이라도 높아지면 당나라와 전쟁을 하자고 고집을 부리지 않겠습니까?"

스르릉~

"자객을 보내 연개소문을 죽입시다."

연개소문은 신하들이 자신을 노리고 있다는 소식을 알게 되었어요.

"그렇게 나약한 신하들로 가득 차 있으니 나라가 잘될 리가 없다.

이번 기회에 모조리 몰아내고 고구려의 기상을 다시 세워야겠다."

다음 날, 연개소문은 잔치를 벌여 신하들을 초대했어요.

신하들이 잔치에 모이자 그들을 모두 죽였어요.

연개소문은 지체 없이 군사들을 이끌고 궁궐로 향했어요.

영류왕은 연개소문의 칼에 목숨을 잃고 말았어요.

이 소식을 들은 이세민은 고구려를 칠 구실이 생겨 크게 기뻐했어요.

고구려의 마지막 왕, 보장왕

권력을 쥐고 당나라에 맞선 연개소문

영류왕을 죽인 연개소문은 642년 10월에 평원왕의 손자인 장을 왕위에 앉혔어요. 그가 바로 고구려 제28대 보장왕이에요.

보장왕은 허수아비였어요. 모든 권력은 연개소문이 쥐고 있었지요.

연개소문은 당나라와의 전쟁을 준비한다며 대막리지 자리에 올랐어요.

연개소문, 너는 역적이다. 너를 인정할 수 없다.

대막리지는 가장 높은 벼슬이었어요.

하지만 안시성 성주는

연개소문에게 반기를 들었어요.

"어떻게 신하가 왕을 죽일 수

있단 말이냐!"

안시성 성주가 대들자 연개소문은

천둥 같은 목소리로 명령했어요.

고구려를 위해 군사를 일으킨 것이다. 나의 말을 따르라.

"나는 왕께서 인정한 대막리지다.

어서 안시성 성주를 잡아 와라!"

안시성은 가파른 산 위에 자리 잡고 있었어요.

또한 안시성 성주는 전략을 잘 짜기로 유명한 장수였어요.

그러다 보니 연개소문의 군사들은 안시성 공격에 번번이 실패했어요.

"어디 한번 공격해 봐라. 내가 지키는 한 안시성은 끄떡없을 것이다."

이렇게 되자 연개소문은 생각을 바꾸었어요.

'안시성의 성주는 소문대로 뛰어난 자이구나.

괜히 소란을 일으키면 당나라만 돕는 꼴이 된다.'

연개소문은 안시성 공격을 멈추고 당나라로 눈길을 돌렸어요.

연개소문은 당나라로 가는 고구려 사신에게 몰래 명령을 내렸어요.

"당나라로 가서 사정을 낱낱이 알아 오라. 도교의 스승을 모시려고

왔다면 도교를 좋아하는 이세민이 의심하지 않을 것이다."

조만간 당나라가
고구려를 치겠구나.

이세민은 도교를 배우러 왔다는 고구려 사신을 반갑게 맞이했어요.

고구려 사신은 도교 사원을 돌아본다는 핑계로 곳곳을 둘러보았어요.

그런데 밭에서 농사를 짓는 사람은 거의 노인이나 여자였고,

젊은 남자는 눈을 씻고 찾아봐도 보이지 않았어요.

"이런! 젊은 남자들은 모두 군대에 들어갔구나!"

고구려 사신은 비밀리에 군사 훈련을 하는 당나라 군사들을 찾아냈어요.

연개소문은 돌아온 사신의 말을
듣고 전쟁 준비에 박차를 가했어요.
"모든 젊은 남자들에게 훈련을 받게
하라. 그리고 성곽을 수리하고 경계를
게을리해서는 안 된다."

훈련도
실전처럼
해라.

양만춘의 안시성 싸움

신라의 김춘추는 이세민을 찾아갔어요.

김춘추는 당나라를 섬길 테니 고구려와

백제에게서 신라를 보호해 달라고 부탁했어요.

그러자 연개소문은 신라에 쳐들어갔어요.

이세민은 신라 공격을 멈추라고 연개소문에게 말했어요.

연개소문은 그 말을 듣고 코웃음쳤어요.

"어디라고 건방진 말을 하느냐.

이세민은 고구려 일에 상관하지 말아라!"

이세민은 화가 머리끝까지 났어요.

"당장에 고구려를 짓밟아 주마."

연개소문,
당나라의 힘을
보여 주겠다.

24

645년 3월, 이세민은 10만의
군사들을 이끌고 고구려를 공격했어요.
"4만의 군사는 배를 타고 발해만을
통해 평양으로 진격하라. 나머지 군사
6만은 나의 뒤를 따르라!"
이세민은 6만의 군사를 이끌고 요동으로 갔어요.
당나라 군대는 무적이라는 소문이 자자했어요.
당나라의 최고 장수는 이적이라는 사람이었어요.
이적은 개모성과 비사성을 무너뜨렸어요.
"수나라 백만 대군이 무릎 꿇은 요동성이 바로
코앞이다. 내가 반드시 요동성을 무너뜨리겠다."
이세민은 요동성을 겹겹이 에워싸고 끊임없이 공격했어요.
요동성은 12일 만에 이세민에게 성문을
열어 주고 말았어요.
그러자 백암성의 성주 손대음은 겁에 질려 이세민에게 항복했어요.
이제 평양을 지키는 성은 안시성밖에 남지 않았어요.
안시성이 무너지면 고구려 도읍까지 가는 일은 식은 죽 먹기였어요.
연개소문도 안시성의 중요성을 잘 알고 있었어요.
"안시성만큼은 반드시 지켜야 한다. 장군 고연수와 고혜진은 15만의
군사를 이끌고 안시성으로 가라. 목숨을 걸고 지켜 내야 한다."

이세민,
너의 콧대를
꺾어 주겠다.

이세민은 15만의 고구려 군사가 몰려온다는 소식에 잠시 긴장했어요.

하지만 이내 이길 자신이 있다는 듯 빙그레 웃었어요.

"우리는 벌판에서 싸움을 잘하고, 고구려군은 산과 성을 끼고 싸우길

잘한다. 고구려군을 벌판으로 끌어낼 수 있다면 승리는 우리 것이다!"

고연수는 이세민의 예상대로 15만의 병력만 믿고 싸웠어요.

안시성에서 40리 떨어진 곳까지 군사들을 데리고 가서

이세민과 정면으로 맞붙을 준비를 했어요.

"장수란 두려움이 없어야 한다.

비겁하게 성안에 숨어 싸울 수 없다."

고구려 군사들은 벌판으로 나왔어요.

이세민은 벌판으로 몰려온 고구려 군사를

보며 호탕하게 웃었어요.

고구려 군사들아, 조금만 더 벌판으로 나와라.

이세민은 부하를 보내 고연수가 방심하도록 만들었어요.

"나는 연개소문을 벌하기 위해 왔다.

너희가 나를 섬기겠다고 한다면 즉시 물러갈 것이다."

고연수는 이세민의 말을 전해 듣고 긴장을 풀었어요.

'당나라는 나와 싸울 생각이 없는 거구나.

연개소문이 오지 않는 한 내게 덤비지는 않을 게야.'

그날 밤, 이세민은 방심한 고구려군을 공격했어요.

당황한 고연수는 도망가기에 바빴어요.

"후퇴하라! 후퇴하라!"

이세민은 당나라 군사에게 명령했어요.

"도망치는 고구려군을 좁은 계곡으로 몰아가라!"

고구려군은 당나라 군사를 피해 계곡으로 피했어요.

그곳에는 당나라 군사들이 이미 기다리고 있었어요.

"고구려군이 계곡에 갇혔다. 화살을 쏟아 부어라!"

고구려군은 계곡에 갇혀 꼼짝없이 죽고 말았어요.

고연수와 살아남은 병사 3만 6,000명은 당나라에 항복했어요.

연개소문은 이 소식을 듣고 땅을 치며 후회했어요.

고구려의 15만 군대를 물리친 이세민은 한껏 들떠 있었어요.

"이제 남은 건 안시성이다. 안시성을 공격하라!"

당나라 군사들은 기세 좋게 안시성을 공격했어요.

그 순간 당나라 군사들은 기겁을 하며 물러났어요.

안시성에서 화살이 비 오듯 쏟아졌거든요.

당시 안시성에는 군사 3만과 백성 7만이 있었어요.

안시성의 고구려인들은 똘똘 뭉쳐 당나라 공격을 막아 내었어요.

"병사들은 성곽 위를 지켜라! 남자들은 화살과 돌을 나르고,

여자들은 성의 부서진 곳을 메워라."

"당나라 군사 한 놈도 성안으로 들여놓지 마라! 화살을 퍼부어라.

사다리로 올라오는 놈에게 뜨거운 물을 부어라!"

안시성 성주와 병사들은 온 힘을 다해 당나라 군사들을 막아 냈어요.

결국 이세민은 수천 명의 군사를 잃고 마지막 작전을 짰어요.

"안시성을 반드시 무너뜨리고 말겠다. 여봐라, 성벽을 무너뜨릴 수

없다면 성벽보다 높은 흙성을 쌓아 위에서 공격하도록 하라!"

당나라 군사와 포로로 잡힌 고구려 백성들이 흙성을 쌓았어요.

"저놈들이 흙성을 쌓는다. 그렇다면 우리도 성벽을 더 높이 쌓아라!"

흙성이 높이 올라갈수록 안시성 성벽도 높이 올라갔어요.

어느 날 밤, 안시성 성주는 군사를 몰래 보내 성 밖의 흙성을 공격했어요.

고구려군은 손쉽게 흙성을 차지했어요.

이세민은 흙성에 꽂힌 고구려 깃발을 보자 충격을 받았어요.

"어떻게 이런 일이 일어날 수 있단 말이냐.

두 달 동안 흙성을 쌓았는데 이 꼴이 뭐냔 말이다!"

싸움이 길어지자 당나라군은 서서히 지쳐 갔어요.

어느덧 겨울이 다가오고 있었어요. 살을 에는 칼바람에 당나라 군사들은
움츠러들었고 싸울 의욕도 잃어 갔어요.

이세민은 결국 싸움을 멈추고 장안으로 돌아가기로 결정했어요.

"더 이상 전쟁은 무리다. 어서 군사를 돌려 장안으로 가자."

추위에 지친 당나라 군사들의 얼굴에는 병색이 가득했어요.

말들은 풀을 먹지 못해 빼빼 마르고 비틀거리며 걸었어요.

"이보게들, 수레가 늪에 빠져 꼼짝을 못 해 버리고 가야겠네."

병사들은 수레와 말을 버리고 터벅터벅 걸어서 돌아갔어요.

34

그 후 이세민은 몇 차례 고구려를 공격했지만 모두 실패했어요.

649년에 이세민은 숨을 거두면서 아들에게 한 마디를 남겼어요.

"절대로 다시는 고구려로 쳐들어가지 마라!"

이세민이 죽은 뒤 당나라와 고구려는 한동안 싸우지 않았어요.

그런데 이세민의 10만 군대를 물리친 안시성 성주의 정확한 이름은

안타깝게도 전해지지 않았어요. 조선 시대 학자 송준길과 박지원이

안시성 성주의 이름을 '양만춘'이라고 밝히고 있을 뿐이에요.

조금만 더 힘을 내게. 고향이 멀지 않았어.

휘 잉~

백제는
당나라에
항복합니다.

무너지는 고구려

당나라의 침략을 막아 낸 연개소문은 신라로 눈을 돌렸어요.

"신라 놈들이 당나라와 손잡고 우리를 치려고 했으니,

우리도 되갚아 줘야겠다. 이제 고구려는 신라를 공격할 것이다."

655년 1월, 고구려와 백제 연합군은 함께 신라를 공격했어요.

신라는 스물세 개나 되는 성을 내줘야 했어요.

이 무렵 신라는 김춘추가 왕위에 올랐어요. 그가 바로 태종 무열왕이에요.

태종 무열왕은 급히 당나라에 사신을 보냈어요.

"당나라는 지난번 전쟁 때 고구려를 누르지 못했습니다.

이번에 저희 신라를 구해 주지 못한다면 아무도 당나라를

따르지 않을 것입니다."

당나라는 신라 사신의 말처럼 모른 척할 수는 없었어요.

"당나라 위신이 그야말로 땅에 떨어졌습니다.

모두 다 고구려 때문입니다.

이번 기회에 고구려를 무너뜨려야

합니다."

"그렇습니다. 신라와 힘을 합쳐 백제를

무너뜨린 뒤 고구려를 공격한다면

이길 것입니다."

당나라는 신라와 힘을 합쳐 백제를 공격했어요.

백제는 힘없이 무너지고 말았어요.

백제에 있던 고구려 사신이 연개소문에게 달려와

알렸어요.

"백제 의자왕이 신라와 당나라 연합군에

항복하였다고 합니다."

"뭐라, 백제가 무너져!

가만히 앉아서 당하느니 우리가 먼저

공격한다!"

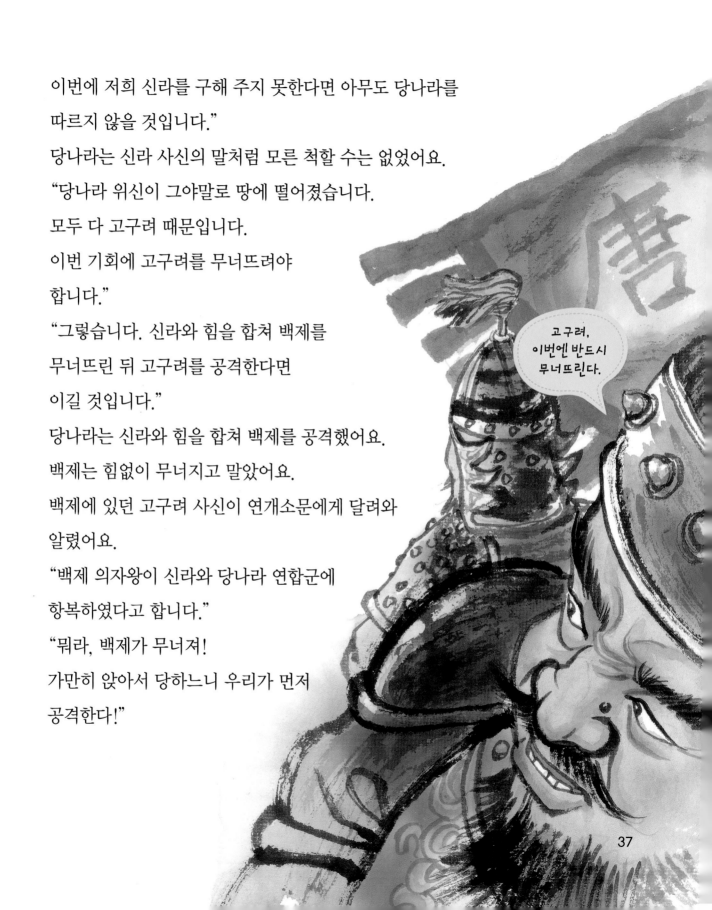

고구려,
이번엔 반드시
무너뜨린다.

연개소문은 바로 신라의 칠중성을 공격했어요.
그러자 소정방은 바다 건너서 하평양을, 육로로 온 군사들은
고구려 국경으로 한꺼번에 쳐들어왔어요.
하지만 고구려는 당나라 군사들을 모두 물리쳤어요.

아이고,
아버님 유언대로
고구려와 싸우지
말아야 했는데…

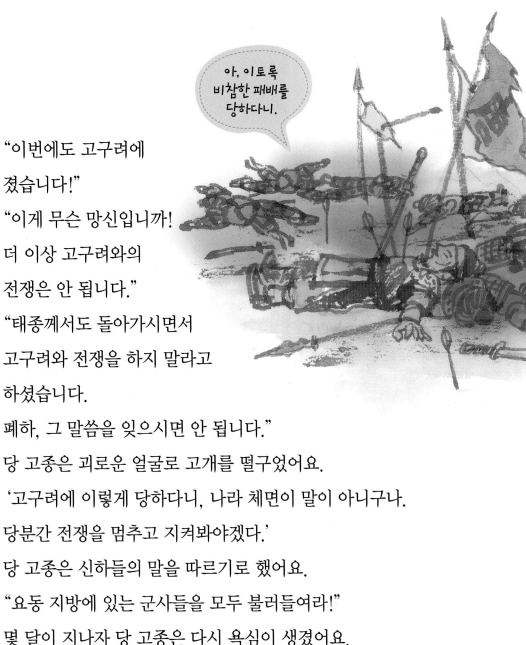

아, 이토록 비참한 패배를 당하다니.

"이번에도 고구려에
졌습니다!"
"이게 무슨 망신입니까!
더 이상 고구려와의
전쟁은 안 됩니다."
"태종께서도 돌아가시면서
고구려와 전쟁을 하지 말라고
하셨습니다.
폐하, 그 말씀을 잊으시면 안 됩니다."
당 고종은 괴로운 얼굴로 고개를 떨구었어요.
'고구려에 이렇게 당하다니, 나라 체면이 말이 아니구나.
당분간 전쟁을 멈추고 지켜봐야겠다.'
당 고종은 신하들의 말을 따르기로 했어요.
"요동 지방에 있는 군사들을 모두 불러들여라!"
몇 달이 지나자 당 고종은 다시 욕심이 생겼어요.
소정방은 10만의 군사를 이끌고 고구려 하평양을 쳤어요.
하지만 고구려군에게 무참히 깨지고 말았어요.
소정방이 실패하자, 당 고종은 방효태를 보냈어요.
연개소문의 칼 아래 방효태와 그의 아들 열세 명이 목숨을 잃었고,
살아 돌아간 당나라 군사는 거의 없었어요.

위대한 장군 연개소문은 666년에 세상을 떠났어요.
연개소문이 죽자 고구려는 조금씩 흔들리기 시작했어요.
모든 권력을 한 손에 쥐고 있던 연개소문의 빈자리를 아들들이
차지하려고 다퉜기 때문이에요.

두 동생이
내 자리를 호시탐탐
노리고 있어.

연개소문이 세상을 떠나자 맏아들
연남생이 대막리지가 되었어요.
그러자 동생 연남건과 연남산의
불만이 매우 컸어요.
"형님 혼자서 나라를 쥐고 흔들 모양이야.
형님은 우리에게 그 권리를 나누어 줄
생각이 아예 없는 것 같네."
"그보다 더 큰 문제가 있습니다.
이러다 우리를 없애려 들지
않을까 걱정입니다."
연남생 또한 늘 불안한
마음으로 지냈어요.
'두 아우 모두 권력에
욕심이 많으니, 언제
나를 죽이려 들지
모른다.'

형님이 원망스러워.

쳇, 혼자만 잘났어.

그러던 어느 날, 연남생이 북쪽
국경성을 돌아보고 있을 때
연남건과 연남산이 반란을
일으켰어요. 연남생을 따르는
신하들을 모두 죽인 거예요.
"대막리지, 궁궐에서 반란이
일어났습니다."
연남생은 동생들에 대한 두려움으로
벌벌 떨었어요.
'고구려에 있다가는 동생들이 나를
죽이겠구나. 이렇게 된 바에 차라리
당나라로 도망가야겠다.'
연남생은 그길로 곧장 당나라로 가
항복했어요.
반란으로 대막리지에 오른 연남건은 화들짝
놀랐어요.
연남생이 당나라 장수가 되어 고구려에 쳐들어왔거든요.
보장왕은 당나라와 싸울 생각 없이 항복을 택했어요.
보장왕과 연남건, 연남산은 포로가 되어 당나라로 끌려 갔어요.
고구려의 900년 역사는 이렇게 끝을 맺었어요.

당나라를 울린 안시성 싸움

645년에 당나라 태종이 대군을 이끌고 고구려로 쳐들어왔어요. 고구려의 중요한 성들이 차례차례 당나라 손으로 넘어가고, 평양성으로 가는 길목에는 이제 안시성밖에 남지 않았어요. 과연 안시성 성주는 어떻게 성을 지켜 냈을까요?

✿ 하나로 똘똘 뭉쳐 당나라를 물리치다

안시성의 군사들과 백성들은 하나로 굳게 뭉쳐 양만춘 장군의 지휘 아래 죽을힘을 다해 맞서 싸웠지요. 당 태종은 많은 군사와 새로운 무기들을 앞세워 하루에도 몇 차례씩 거듭 공격했지만, 안시성을 무너뜨릴 수 없었어요. 온갖 방법에도 안시성이 무너지지 않자, 당 태종은 명령을 내렸어요.

"안시성 앞에 높은 흙성을 쌓아라!"

당나라 군사들은 흙을 퍼다 날라 두 달에 걸

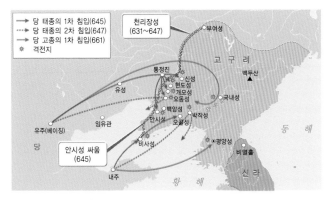

▲ 고구려와 당의 전쟁

쳐 흙성을 쌓았어요. 하지만 쌓은 지 며칠 되지 않아 고구려군의 기습으로 흙성이 무너지고 말았어요. 결국 당 태종은 안시성의 문을 열지 못했고, 당나라군은 추위와 굶주림에 시달리다 물러났답니다.

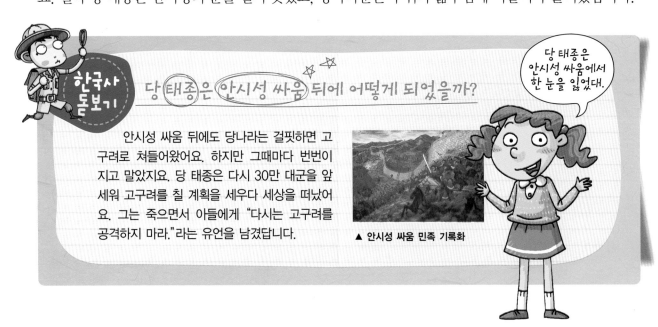

한국사 돌보기

당 태종은 안시성 싸움 뒤에 어떻게 되었을까?

안시성 싸움 뒤에도 당나라는 걸핏하면 고구려로 쳐들어왔어요. 하지만 그때마다 번번이 지고 말았지요. 당 태종은 다시 30만 대군을 앞세워 고구려를 칠 계획을 세우다 세상을 떠났어요. 그는 죽으면서 아들에게 "다시는 고구려를 공격하지 마라."라는 유언을 남겼답니다.

▲ 안시성 싸움 민족 기록화

당 태종은 안시성 싸움에서 한 눈을 잃었대.

🌸 고구려군이 어떻게 당나라군을 막았을까?

보장왕 4년(645)에 당나라 태종이 수많은 군사들을 이끌고 안시성에 쳐들어왔어요. 그러나 안시성의 수비가 워낙 튼튼해서 당 태종은 안시성의 성벽보다 더 높은 흙성을 쌓고는 그 위에서 충차, 포차 등으로 공격을 퍼부었어요. 그러자 고구려 군사들과 백성들은 더 높이 성을 쌓아 당나라군의 공격을 막아 냈어요.

무너진 성벽 위에 통나무를 쌓아 막는 거야.

빨리 화살을 날라야지.

옛다, 뜨거운 물맛 좀 봐라!

으악!

▲ 포차
무거운 돌을 날려 보내는 무기예요. 성벽을 부수거나 성벽 위의 군사들을 공격했어요.

다가서기 전에 다 죽는구나!

▶ 운제
성벽에 걸치고 군사들이 타고 올라가 성벽 위로 돌진하던 무기예요.

으윽~ 지독한 놈들!

◀ 충차
굵고 큰 나무로 성문을 부수거나 성에 충격을 주는 무기예요.

고구려의 고분 벽화와 악기

고구려의 고분 벽화는 1400여 년이란 세월이 흘렀어도 제 모습을 간직하고 있어요. 그 오랜 세월을 버텨 온 비밀은 무엇일까요? 또한 고구려 사람들은 서른여덟 가지에 이르는 악기를 연주했다고 해요. 고구려 사람들이 연주했던 악기에는 어떤 것들이 있을까요?

❀ 고구려 고분 벽화의 비밀은 무엇일까?

고구려 사람들은 무덤 안의 밝기와 습도, 안과 밖의 온도 차이, 돌로 된 무덤을 덮는 흙의 두께, 이슬이 맺혀도 지워지지 않는 그림 재료 등을 연구했어요. 그 결과 벽면에 색이 잘 달라붙도록 하는 접착제를 만들었어요. 동물의 뼈로 만든 아교나 해초를 달인 접착제 따위를 이용했지요. 한때 중국 학자들이 그림을 보호한다고 벽화에 화학 재료로 얇은 막을 씌운 적이 있었어요. 그랬더니 곰팡이가 피는 등 벽화가 더 못쓰게 되었다고 해요.

요즘 기술이 옛날 기술을 못 따라가나 봐.

▲ 안악 3호분의 귀족 여인상

❀ 고구려에는 어떤 악기가 있었을까?

고구려의 대표 악기는 거문고예요. 거문고는 중국 진나라에서 들어온 칠현금이란 악기를 왕산악이 고쳐 만든 거예요. 왕산악이 거문고를 연주하니 검은 학이 날아와 춤을 추었다는 전설이 있어요. 왕산악은 거문고를 이용하여 100곡에 이르는 음악을 작곡했지요.

그 밖에도 고구려에는 여러 악기가 있었어요. 삼실총에 그려진 천인은 요즘의 기타처럼 생긴 완함을 연주하고 있어요. 또 다른 천인은 뿔 나팔을 불고 있고요. 무용총 벽화에도 뿔 나팔을 부는 선인이 그려져 있답니다.

또 하프처럼 생긴 공후, 대금·중금·소 등 여러 가지 피리, 거기에 북과 장고가 더해져 흥겨운 가락을 만들어 냈어요.

아싸~! 흥겨운 음악 소리가 들려오는 것 같아.

▲ 거문고를 연주하는 왕산악

600

610 ← 이슬람교 창시

영류왕 즉위 → 618 ← 당나라 건국

무함마드 승천도 ▶

620

622 ← 헤지라(예언자 무함마드가 박해를 피해
메카에서 메디나로 옮긴 사건)

고구려에 도교 들어옴 → 624

626 ← 당 태종 즉위

629 ← 현장, 〈대당서역기〉를 씀

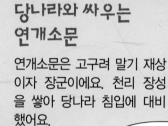

당나라와 싸우는 연개소문

연개소문은 고구려 말기 재상이자 장군이에요. 천리 장성을 쌓아 당나라 침입에 대비했어요.

연개소문은 고구려의 최고 벼슬인 대막리지가 되어 정권을 잡았어요.

640

보장왕 즉위 → 642

안시성 싸움 → 645 ← 일본, 다이카 개신

신라, 첨성대 건립 → 647

651 ← 사산 왕조 페르시아 멸망

다마스쿠스 대사원

우마이야 왕조의 칼리프인 알 왈리드 1세가 세운 사원이에요. 돌로 지은 이슬람 사원 가운데 가장 오래된 건물이지요.

▲ 평양성 대동문

백제 멸망 → **660**

661 ← 우마이야 왕조 성립

연개소문 죽음 → 666

고구려 멸망 → 668

'우마이야 모스크'
라고도 불러.